Inhalt

Global Sourcing - eine fortschrittliche Beschaffungsstrategie für Unternehmen

Kernthesen

Beitrag

Fallbeispiele

Weiterführende Literatur

Impressum

Global Sourcing - eine fortschrittliche Beschaffungsstrategie für Unternehmen

M.Sydow

Kernthesen

- Deutsche Unternehmen schöpfen die Möglichkeiten der weltweiten Beschaffung noch ungenügend aus. (1), (13)
- Dabei bringt Global Sourcing signifikante Synergiepotentiale für Unternehmen ein. (5)
- Allerdings führt die zunehmende Globalisierung sowie Konzentration der Konzerne zu einem Anstieg der Bedeutung von Global Sourcing. (3)
- Hierbei ist das strategische Ziel, sowohl

Kosten- als auch Angebotsvorteile weltweit zu nutzen und dadurch auf allen wesentlichen Märkten präsent zu sein. (4)

Beitrag

Das so genannte Global Sourcing meint schlicht die weltweite Beschaffung oder den weltweiten Einkauf. Anders als Outsourcing (Verlagerung von Teilbereichen der Unternehmensprozesse an Drittunternehmen) oder Offshoring (Verlagerung von Arbeitsplätzen in Billiglohnländer) liegt der Zweck des Global Sourcing darin, die Beschaffung strategisch so zu gestalten, dass nicht nur kostengünstig eingekauft wird, sondern darüber hinaus der Fremdbezug so gestaltet wird, dass daraus ein Wettbewerbsvorteil resultiert. Somit sollte der strategische Einkauf nicht nur seinen Fokus auf direkte Kosteneinsparungen legen, sondern idealerweise auf die strategischen Geschäftsziele des Unternehmens ausrichten. (11), (12)

Im Folgenden werden die wichtigsten Analyseschritte für den strategischen Aufbau von Global Sourcing vorgestellt. Anschließend werden neben den Motivationsgründen für einen weltweiten Einkauf auch dessen Vorteile sowie Risiken aufgeführt. Abschließend werden ferner die attraktivsten

Zielmärkte aufgezählt.

Analyseschritte für den strategischen Aufbau von Global Sourcing

Vor dem globalen Shopping sollten Unternehmen sorgfältig ihre eigene SourcingStrategie analysieren. Hierzu können nachstehende Analyseschritte als Anhaltspunkt herangezogen werden.

Rahmenbedingungen

Oftmals sind Schwierigkeiten in der Termineinhaltung oder der Qualität erst sehr spät erkennbar. Daher sollten drei Säulen in die Überlegungen miteinbezogen werden: Menschen, Technologie/Architektur und Prozesse. Dadurch können diesbezügliche Risken abgesichert werden. (12)

Beschaffungsmärkte

Gemeinhin werden Faktoren wie Reisezeiten oder Stundensätze bei der Analyse der Zielländer berücksichtigt. Aber auch das Länderrisiko sollte nicht unbeachtet bleiben. Zur Verbesserung der Analyse kann ein Auswahlportfolio mit den Seitenachsen Länderrisiko sowie durchschnittliche Stundensätze hilfreich sein. (12)

Lieferantenauswahl

Die Lieferantenauswahl bildet den entscheidenden Knackpunkt in der Analyse, denn hiervon hängt der Erfolg einer Unternehmung entscheidend ab. Daher sollten aus der Lieferantenselbstauskunft die entscheidenden Einflussfaktoren herausgefiltert und anschließend bewertet werden. Aus strategischer Sicht sollte dabei ein Augenmerk auf Firmendaten, die Art der Zusammenarbeit sowie die üblichen Faktoren wie Technologie oder Qualität geworfen werden. (12)

Global Sourcing: Einsatzgründe

Gerade für deutsche Unternehmen liegt die Motivation für den Einsatz von Global Sourcing vor allem in den zunehmenden Lohnnebenkosten und hohen Produktionskosten. Dies wirkt sich in der Regel direkt auf die Preise der Produkte aus. Der daraus resultierende Kostendruck führt dazu, dass Unternehmen ihre Produktion verschlanken und stattdessen Teile zunehmend fremdbeschaffen. (11)

Global Sourcing: wesentliche Vorteile

Die Vorteile des Global Sourcing sind zum einen enorme Einsparpotentiale, die durch die Beschaffung auf günstigeren Märkten ermöglicht werden. Dabei wird vor allem das gute Preis-Leistungsverhältnis geschätzt. Zum anderen kann durch den internationalen Einkauf gerade auch technisches Know-How eingekauft werden. Dies kann zu einem Wettbewerbsvorteil gegenüber der Konkurrenz führen. (6), (12), (13)

Global Sourcing: mögliche Risiken

Die Risiken, die durch Global Sourcing entstehen können, können vorweg oftmals nicht oder nur schwer erkannt werden. Da beim weltweiten Einkauf beispielsweise die Qualität vielleicht nicht den gewünschten Standards entspricht oder die Lieferzuverlässigkeit unklar sein kann. So können erhoffte Einspar- oder Synergiepotentiale das Unternehmen unverhofft in eine wirtschaftliche Schieflage bringen, wenn die Bezugsquellen ungeahnt in Währungs-, Liefer- oder Qualitätsschwierigkeiten gelangen. Hierbei kann ein geeignetes Risikomanagement im Vorfeld die genannten Gefahren minimieren. (1), (2)

Global Sourcing: Bevorzugte Beschaffungsziele

Niedrigkostenländer sind bevorzugte Zielorte für den weltweiten Einkauf. Daher haben sich einige dieser Länder bereits auf bestimmte Warengruppen beziehungsweise Technologien spezialisiert. So gilt Indien beispielsweise als attraktives Zielland für den Einkauf von Software beziehungsweise SW-Engineering oder Gussteilen. Kunststoffteile werden am besten in der Freihandelszone um Hong Kong bezogen und für einfache Elektroteile ist nach wie vor China als Bezugsquelle Spitzenreiter. Dagegen kam es in Osteuropa in den vergangenen drei Jahren zu einem Kostenanstieg. Gerade bei EU-nahen Ländern war ein deutlicher Kostenanstieg spürbar, der sich auch nicht durch die verkürzten Reisezeiten aufwiegen lässt. (12), (13)

Fallbeispiele

Der Gartengerätehersteller Gardena AG möchte mittels eines 5PunkteProgramms die eigene Ertragskraft steigern. Neben dem Vorantreiben der Internationalisierung sowie einigen Sparmaßnahmen möchte Gardena vor allem durch Global Sourcing und strategische Partnerschaften seine Lieferantenstruktur verbessern.

Das im Kartenprocessing global agierende Unternehmen First Data hat einen ausgeprägt internationalen Blickwinkel in seinem Geschäftsbereich entwickelt. Dies können international orientierte Banken für sich nutzen. Denn durch eine Kooperation mit First Data vermeiden Banken den enormen Aufwand, auf allen Märkten ihre Karten beziehungsweise Produkte neu definieren zu müssen. Hierfür bietet First Data auf allen Zielmärkten eine umfassende Unterstützung vor Ort. (7)

Der Computerkonzern IBM plant im Rahmen eines strategischen (Zeit-)Plans mit dem Titel Global Sourcing, Teilbereiche seiner Standorte nach Indien und China zu verlagern. Bereits im ersten Halbjahr 2004 sollen die ersten Jobs nach Asien verlegt werden. Noch ist unklar, ob wirklich alle Arbeiten im Ausland gefertigt werden sollen. (9)

Die Unternehmensberatung Masaï hat ein Tochterunternehmen gegründet: Masaï Sourcing. Staudenmayer, Gründer und Geschäftsführer von Masaï sieht trotz des enormen Organisations- und Analyseaufwands gewaltige Potentiale im Global Sourcing stecken. Masaï Sourcing begleitet Unternehmen mittels Partnern vor Ort. Diese verfügen sowohl über den technischen als auch den wirtschaftlichen Hintergrund und tragen so dazu bei, dass der gewünschten Qualität als auch Zuverlässigkeit ihrer Auftragspartner genüge getan wird. (13)

Weiterführende Literatur

(1) Supply Management, Teil 11: Management- und Überwachungssystem nach KonTraG zur systematischen Risikobeherrschung Supply Risk Management
aus BA Beschaffung aktuell, Heft 4, 2004, S. 38

(2) Risikomanagement in der Beschaffung Vertrauen ist gut, Kontrolle ist besser!
aus Industrieanzeiger, Heft 5, 2004, S. 32

(3) Alle Türen offen
aus Automobil Industrie Nr. 03 vom 04.03.2004 Seite 040

(4) Outsourcing ist nicht out - Wo steht das Outsourcing von Logistik-Dienstleistungen heute?
aus materialfluss, Heft 4/2004, S. 38-42

(5) O.V., SBS-Chef Paul Stodden im CW-Gespräch, "Die Situation kann sich abrupt ändern", Computerwoche, 09.04.2004, S. 32
aus materialfluss, Heft 4/2004, S. 38-42

(6) Im Mittelpunkt des Einkaufs stehen die Beschaffungsprozesse Einkaufsorganisationen an Prozessen ausrichten
aus BA Beschaffung aktuell, Heft 5, 2004, S. 36

(7) Processing im Umbruch: Vom Clubsystem zumWettbewerb
aus cards Heft 02 vom 01.05.2004 Seite 024

(8) US-Studie: "Arbeitsplatzexporte gut für die amerikanische Wirtschaft" Finanzminister Snow verteidigt Entscheidungen der US-Unternehmen - 2,6 Millionen Jobs ins Ausland verlagert - Dafür besser bezahlte Arbeitsplätze in den USA
aus Börsen-Zeitung, 02.04.2004, Nummer 65, Seite 6

(9) O.V., IBM verlagert 4700 Jobs, Programmierer sollen Nachfolger in Indien und China schulen, Süddeutsche Zeitung, 16.12.2003, S. 23
aus Börsen-Zeitung, 02.04.2004, Nummer 65, Seite 6

(10) Schlechte Noten für den Einkauf
aus Frankfurter Allgemeine Zeitung, 15.09.2003, Nr. 214, S. 19

(11) Dück, Peter, Outsourcing/Insourcing, Outtasking und Global Sourcing verändern die Branche, IT-Auslagerung: Ein Markt im Umbruch, Computerwoche, 02.04.2004, S. 36
aus Frankfurter Allgemeine Zeitung, 15.09.2003, Nr. 214, S. 19

(12) Beschaffung in Niedriglohnländern Global Sourcing von Software-Engineering
aus BA Beschaffung aktuell, Heft 11, 2003, S. 40

(13) Chancen und Risiken durch Global Sourcing Gute Vorbereitung sichert den Einkaufserfolg
aus Industrieanzeiger, Heft 30, 2003, S. 36

Impressum

Global Sourcing - eine fortschrittliche Beschaffungsstrategie für Unternehmen

Bibliografische Information der deutschen Nationalbibliothek

Die Deutsche Nationalbibliothek verzeichnet diese Publikation in der deutschen Nationalbibliografie; detaillierte bibliografische Daten sind im Internet über http://dnb.d-nb.de abrufbar.

ISBN: 978-3-7379-1193-1

© 2015 GBI-Genios Deutsche Wirtschaftsdatenbank GmbH, Freischützstraße 96, 81927 München, www.genios.de

Alle Rechte vorbehalten. Dieses Werk ist einschließlich aller seiner Teile – z.B. Texte, Tabellen und Grafiken - urheberrechtlich geschützt. Jede Verwertung außerhalb der Grenzen des Urheberrechtsgesetzes bedarf der vorherigen Zustimmung des Verlags. Dies gilt insbesondere auch für auszugsweise Nachdrucke, fotomechanische Vervielfältigungen (Fotokopie/Mikroskopie), Übersetzungen, Auswertungen durch Datenbanken oder ähnliche Einrichtungen und die Einspeicherung und Verarbeitung in elektronischen Systemen.